Das Buch gehört:

Name: _____

Anschrift:

Straße: _____

PLZ: _____

Ort: _____

MONIKA ZIEGLER

MY DAILY JOURNAL

MEINE REISE ZU MIR

Täglich in wenigen Minuten zum Erfolg

© 2024 Monika Ziegler
Verlag: BoD · Books on Demand GmbH
In de Tarpen 42, 22848 Norderstedt
ISBN: 9783759759764
Druck: Libri Plureos GmbH,
Friedensallee 273, 22763 Hamburg

Bibliografische Information der Deutschen
Nationalbibliothek: Die Deutsche Nationalbibliothek
verzeichnet diese Publikation in der Deutschen
Nationalbibliografie; detaillierte bibliografische
Daten sind im Internet über dnb.dnb.de abrufbar.

Wer bin ich?

Moin, mein Name ist Monika und ich bin die Autorin des „My Daily Journal".

Ich bin gelernte Köchin und Hotelfachfrau.
Nach einigen Schicksalsschlägen habe ich meine Heimat verlassen und mich für einen Neuanfang in Hamburg entschieden.

Dort angekommen, habe ich den Fehler gemacht, mich voll in die Arbeit zu stürzen, anstatt mich um mein Trauma zu kümmern.
Dies wurde dann mit einem Burnout belohnt.

Danach verließ ich das Hotel, in dem ich gearbeitet hatte. Ich wollte mich neu sortieren und mich um meine Probleme und Traumata kümmern.
In dieser Zeit machte ich meine ersten Erfahrungen mit Journalen.

Ein halbes Jahr später kehrte ich mit frisch aufgeladener Batterie in die Gastronomie zurück.
Ich stellte allerdings schnell fest, dass ich hier nicht mehr am richtigen Platz war.

Drei Unternehmen später beschloss ich, die Gastronomie zu verlassen.
So kam ich in den öffentlichen Dienst.

Ich bin meinem Arbeitgeber sehr dankbar, dass er mir diese Chance gegeben hat, dadurch konnte ich neue Fähigkeiten und Kenntnisse erwerben und vor allem tolle Menschen kennen lernen.

Doch nach vier weiteren Jahren merkte ich, dass mir etwas fehlt:
Das kreative Arbeiten.
Deshalb fing ich an, dieses Journal zu erstellen.

Warum habe ich mich dazu entschlossen, obwohl es schon so viele davon gibt? Meine eigenen Erfahrungen.

Ich komme aus einer Familie, in der nicht offen über Gefühle gesprochen wurde und in der ich auch nicht gelernt habe, meine Emotionen richtig einzuordnen und damit umzugehen.

Durch Therapien, Tagebuchschreiben und das Lesen verschiedener Bücher wurde mir das allein bewusst.

Ich habe verschiedene Journale ausprobiert.
Alle hatten eins gemeinsam: Sie hatten einfach zu viele Extras.

Stelle dir meine Überforderung vor. Absolut keine Ahnung von all dem, aber endlich soweit, mich meinen Gefühlen zu stellen.
Deshalb habe ich angefangen dieses Journal zu kreieren, etwas neues musste her. Etwas schlichtes, das jeden „Journal – Beginner" einfach und erfolgreich durch die Monate begleitet.

Das Ziel ist es, eine Routine aufzubauen, mit der jeder kleine und große Erfolge in wenigen Schritten erreichen kann.
Es gibt keine Zeitvorgaben, Du kannst ohne Druck und gelassen schreiben kann.
Du bestimmst Dein eigenes Tempo!

Der Aufbau des „My Daily Journal" ist deshalb so einfach gestaltet, dass wirklich jeder damit beginnen kann, sogar Kinder.
Ich bin überzeugt davon, dass es sehr wichtig ist, Kindern so bald wie möglich ein Werkzeug in die Hand zu geben, damit sie lernen können Ihre Gefühle zu sortieren und damit umzugehen.

In Liebe
Eure Monika Ziegler

Anleitung

Bevor Du mit dem Tagebuch anfängst, möchte ich, dass Du in einem Mindmap (das findest Du auf Seite 10) erst einmal zusammenfasst, wo Du gerade stehst und wohin Du gehen möchtest.
So kannst Du Dich orientieren und Deine Entwicklung beobachten.

Die Tagesseite

Morgens hast Du die Möglichkeit Dir deine Tagesziele zu notieren, Aufgaben zu setzen und Deine Gefühle zu erforschen.
Bitte nimm Dir nicht zu viele Aufgaben vor, denn meiner Erfahrung nach sind große Listen eher kontraproduktiv.
Erstellt man sich eine zu lange Liste und schafft es nicht diese abzuarbeiten ist man enttäuscht und neigt eher zum Aufgeben.
Deshalb solltest Du Dich auf die wirklich wichtigen Dinge fokussieren.
Schließlich ist es das Ziel, Dir mit dem Tagebuch Erfolgsmomente zu schaffen, die Dein Selbstbewusstsein und Deine Motivation steigern.
Abends kannst Du Dir Deine Erfolge notieren und aufschreiben wofür Du dankbar bist.
Diese Übung hilft Dir dabei, Deine Einstellung so zu verändern, Dein Glas als halb voll, anstatt als halb leer zu betrachten.

Die Wochenseite

In dem Tagebuch besteht die Woche aus 5 Tagen.
Am 6. Tag bietet Dir die Wochenseite die Möglichkeit, alles zu notieren, was Du in der Woche geschafft hast und Deine Motivationen zu erkennen.
Hier ist das Ziel, dass Du auch intensiv über Deine Schwächen nachdenkst und wie Du diese in Stärken umwandeln kannst.
Außerdem möchte ich, dass Du auch darüber nachdenkst, wie Du Deine Erfolge feiern kannst, denn es ist wichtig, dass Du Dich im Leben für Deine Arbeit belohnst.

Die Monatsseite

Hier geht es in die Details. Bitte schau tief in Dich hinein.
Was hast Du geschafft? Welche Ziele hast Du erfolgreich erreicht.
Was hast Du Großartiges erlebt?
Oder was ist nicht so gut gelaufen? Bitte falle hier nicht in Selbstmitleid,
sondern überlege direkt, wie Du das verbessern
kannst?
Hier kannst Du im Wetterdiagramm ankreuzen,
wie Du Dich über den Monat gefühlt hast und warum
Überlege Dir bitte, wofür Du mehr Zeit investieren möchtest und
was Dir wichtig ist.
Bei der Monatsseite habe ich mir für Dich auch eine Aufgabe übergelegt,
die etwas herausfordern und Dich aus Deiner Komfortzone schubsen soll,
denn nur so kannst Du an Dir wachsen und neue Stärken entdecken.

Lange Rede, kurzer Sinn.
Ich wünsche Dir viel Spaß und Freude beim Erkunden Deiner Gefühle und
dem Erarbeiten Deiner ersten Erfolge.

<u>Mein erster Schritt!</u>

Bevor Du mit dem Tagebuch beginnst, möchte ich, dass Du erst erfasst wo Du emotional gerade stehst und was Du erreichen möchtest.

Hier stehe ich gerade

Das will ich erreichen

Meine Tagesziele:

Meine Aufgaben:

Wie fühle ich mich heute:

_____

_____

_____

> "Es gibt keinen großen Erfolg
> ohne großen Widerstand."
> - Katharine Hepburn

Meine Erfolge:

Ich bin dankbar für:

Mein Abschluss des Tages:

_____

_____

Meine Tagesziele:

Meine Aufgaben:

Wie fühle ich mich heut

"Ich kenne den Preis des Erfolges:
Harte Arbeit und eine
unablässige Hingabe an die Dinge,
die Du erreichen willst."
- Frank Lloyd Wright

Meine Erfolge:

Ich bin dankbar für:

Mein Abschluss des Tages:

Meine Tagesziele:

Meine Aufgaben:

Wie fühle ich mich heute:

_____

_____

_____

> Das Geheimnis des Erfolgs ist,
> das Unangenehme zu lieben."
> - Unbekannt

Meine Erfolge:

Ich bin dankbar für:

Mein Abschluss des Tages:

_____

_____

Meine Tagesziele:

Meine Aufgaben:

Wie fühle ich mich heute

_____

_____

_____

"Du selbst zu sein in einer Welt,
die ständig versucht,
Dich zu etwas anderem zu machen,
ist die größte Errungenschaft."
- Ralph Waldo Emerson

Meine Erfolge:

Ich bin dankbar für:

Mein Abschluss des Tages:

_____

_____

Meine Tagesziele:

Meine Aufgaben:

Wie fühle ich mich heute:

_____

_____

_____

"Das, was uns verletzt,
kann uns auch heilen."
- Judith Orloff

Meine Erfolge:

Ich bin dankbar für:

Mein Abschluss des Tages:

_____

_____

Mein Wochenrückblick

Was habe ich geschafft?

Wie konnte ich mich motiviere?

Wo waren meine Schwächen und wie kann ich diese in Stärken umwandeln?

_____

_____

_____

_____

Wie habe ich meine Erfolge gefeiert und wie habe ich mich belohnt?

_____

_____

_____

Meine Ziele für die nächte Woche!

Meine Tagesziele:

Meine Aufgaben:

Wie fühle ich mich heute:

_____

_____

_____

*"Es gibt keinen Aufzug zum Erfolg.
Du musst die Treppe nehmen."
- Unbekannt*

Meine Erfolge:

Ich bin dankbar für:

Mein Abschluss des Tages:

_____

_____

Meine Tagesziele:

Meine Aufgaben:

Wie fühle ich mich heute:

_____

_____

_____

> "Ich bin nicht
> auf die Erde gekommen,
> um den Erwartungen anderer
> gerecht zu werden,
> noch fühle ich, dass die Welt
> meine Erwartungen erfüllt."
> - Anaïs Nin

Meine Erfolge:

Ich bin dankbar für:

Mein Abschluss des Tages:

_____

_____

Meine Tagesziele:

Meine Aufgaben:

Wie fühle ich mich heute:

_____

_____

_____

*"Sich selbst zu kennen,
ist der Anfang allen Verstehens."*
- Audre Lorde

Meine Erfolge:

Ich bin dankbar für:

Mein Abschluss des Tages:

_____

_____

Meine Tagesziele:

Meine Aufgaben:

Wie fühle ich mich heute:

_____

_____

_____

*"Die Liebe zu sich selbst
ist der Beginn
einer lebenslangen Romanze."*
- Oscar Wilde

Meine Erfolge:

Ich bin dankbar für:

Mein Abschluss des Tages:

_____

_____

Meine Tagesziele:

Meine Aufgaben:

Wie fühle ich mich heute:

_____

_____

_____

"Ich habe gelernt,
dass der Mut
nicht die Abwesenheit von Angst ist,
sondern der Triumph über sie."
- Nelson Mandela

Meine Erfolge:

Ich bin dankbar für:

Mein Abschluss des Tages:

_____

_____

Mein Wochenrückblick

Was habe ich geschafft?

Wie konnte ich mich motiviere?

Wo waren meine Schwächen und wie kann ich diese in Stärken umwandeln?

_____

_____

_____

_____

Wie habe ich meine Erfolge gefeiert und wie habe ich mich belohnt?

_____

_____

_____

Meine Ziele für die nächste Woche!

Meine Tagesziele:

Meine Aufgaben:

Wie fühle ich mich heute:

_____

_____

_____

"Lass Dich nicht
von der Angst vor dem,
was andere denken,
davon abhalten, Du selbst zu sein."
- Sonia Sotomayor

Meine Erfolge:

Ich bin dankbar für:

Mein Abschluss des Tages:

_____

_____

Meine Tagesziele:

Meine Aufgaben:

Wie fühle ich mich heute:

_____

_____

_____

> "Frauen
> müssen mehr leisten,
> um die Hälfte
> des Respekts zu bekommen,
> die Männer automatisch erhalten."
> - Hillary Clinton

Meine Erfolge:

Ich bin dankbar für:

Mein Abschluss des Tages:

_____

_____

Meine Tagesziele:

Meine Aufgaben:

Wie fühle ich mich heute:

_____

_____

_____

> "Es erfordert Mut,
> aufzustehen und zu sprechen;
> es erfordert ebenso viel Mut,
> sich hinzusetzen und zuzuhören."
> - Eleanor Roosevelt

Meine Erfolge:

Ich bin dankbar für:

Mein Abschluss des Tages:

_____

_____

Meine Tagesziele:

Meine Aufgaben:

Wie fühle ich mich heute:

_____

_____

_____

"Die einzige Reise
ist die nach innen."
- Rainer Maria Rilke

Meine Erfolge:

Ich bin dankbar für:

Mein Abschluss des Tages:

_____

_____

Meine Tagesziele:

Meine Aufgaben:

Wie fühle ich mich heute:

_____

_____

_____

> "Der mutigste Akt ist immer noch,
> selbst zu denken.
> Laut."
> - Coco Chanel

Meine Erfolge:

Ich bin dankbar für:

Mein Abschluss des Tages:

_____

_____

Mein Wochenrückblick

Was habe ich geschafft?

Wie konnte ich mich motivieren?

Wo waren meine Schwächen und wie kann ich diese in Stärken umwandeln?

Wie habe ich meine Erfolge gefeiert und wie habe ich mich belohnt?

Meine Ziele für die nächte Woche!

Meine Tagesziele:

Meine Aufgaben:

Wie fühle ich mich heute:

_____

_____

_____

> "Ich bin ein Käfig,
> der nach einem Vogel sucht."
> - Franz Kafka

Meine Erfolge:

Ich bin dankbar für:

Mein Abschluss des Tages:

_____

_____

Meine Tagesziele:

Meine Aufgaben:

Wie fühle ich mich heute:

_____

_____

_____

> "Gib jedem Tag die Chance,
> der schönste
> Deines Lebens zu werden."
> - Mark Twain

Meine Erfolge:

Ich bin dankbar für:

Mein Abschluss des Tages:

_____

_____

Meine Tagesziele:

Meine Aufgaben:

Wie fühle ich mich heute:

_____

_____

_____

> "Der wahre Wert eines Menschen
> zeigt sich in seinem Tun."
> - Leo Tolstoi

Meine Erfolge:

Ich bin dankbar für:

Mein Abschluss des Tages:

_____

_____

Meine Tagesziele:

Meine Aufgaben:

Wie fühle ich mich heute:

_____

_____

_____

"Wege entstehen dadurch,
dass man sie geht."
- Franz Kafka

Meine Erfolge:

Ich bin dankbar für:

Mein Abschluss des Tages:

_____

_____

Meine Tagesziele:

Meine Aufgaben:

Wie fühle ich mich heute:

_____

_____

_____

> "Du musst der Wandel sein,
> den Du in der Welt sehen willst."
> - Mahatma Gandhi

Meine Erfolge:

Ich bin dankbar für:

Mein Abschluss des Tages:

_____

_____

Mein Monatsrückblick

Was habe ich gut gemacht?

Was habe ich Tolles erlebt?

Was ist nicht so gut gelaufen?

Wie kann ich das verbessern?

Wofür möchte ich mehr Zeit investieren?

Wie glücklich war ich diesen Monat?

Warum habe ich mich so gefühlt?

Deine Aufgabe für den Monat!

Suche dir Vorbilder oder Mentoren, die Dich inspirieren und unterstützen können!

Meine Ziele für den nächsten Monat!

Meine Tagesziele:

Meine Aufgaben:

Wie fühle ich mich heute:

_____

_____

_____

"Disziplin ist die Fähigkeit,
Deine Ziele
über Deine Launen zu stellen."
- Unbekannt

Meine Erfolge:

Ich bin dankbar für:

Mein Abschluss des Tages:

_____

_____

Meine Tagesziele:

Meine Aufgaben:

Wie fühle ich mich heute:

_____

_____

_____

> "Nicht das Ziel ist wichtig,
> sondern der Weg dorthin."
> - Konfuzius

Meine Erfolge:

Ich bin dankbar für:

Mein Abschluss des Tages:

_____

_____

Meine Tagesziele:

Meine Aufgaben:

Wie fühle ich mich heute:

_____

_____

_____

"Der einzige Weg,
großartige Arbeit zu leisten,
ist zu lieben, was man tut."
- Steve Jobs

Meine Erfolge:

Ich bin dankbar für:

Mein Abschluss des Tages:

_____

_____

Meine Tagesziele:

Meine Aufgaben:

Wie fühle ich mich heute:

_____

_____

_____

> "Das Leben ist eine Reise
> der Selbstfindung,
> sei mutig und erkunde Dich selbst."
> - Unbekannt

Meine Erfolge:

Ich bin dankbar für:

Mein Abschluss des Tages:

_____

_____

Meine Tagesziele:

Meine Aufgaben:

Wie fühle ich mich heute:

_____

_____

_____

"Erfolg ist nicht das,
was Du hast,
sondern das, was Du bist."
- Bo Bennett

Meine Erfolge:

Ich bin dankbar für:

Mein Abschluss des Tages:

_____

_____

Mein Wochenrückblick

Was habe ich geschafft?

Wie konnte ich mich motiviere?

Wo waren meine Schwächen und
wie kann ich diese in Stärken umwandeln?

_____

_____

_____

_____

Wie habe ich meine Erfolge gefeiert und wie habe ich mich belohnt?

_____

_____

_____

Meine Ziele für die nächte Woche!

Meine Tagesziele:

Meine Aufgaben:

Wie fühle ich mich heute:

_____

_____

_____

"Der Preis der Disziplin ist immer geringer als der Schmerz der Reue."
- Unbekannt

Meine Erfolge:

Ich bin dankbar für:

Mein Abschluss des Tages:

_____

_____

Meine Tagesziele:

Meine Aufgaben:

Wie fühle ich mich heute:

_____

_____

_____

"Durch Disziplin zu Freiheit."
- Aristoteles

Meine Erfolge:

Ich bin dankbar für:

Mein Abschluss des Tages:

_____

_____

Meine Tagesziele:

Meine Aufgaben:

Wie fühle ich mich heute:

_____

_____

_____

"Heilung ist eine Reise,
keine Destination."
- Unbekannt

Meine Erfolge:

Ich bin dankbar für:

Mein Abschluss des Tages:

_____

_____

Meine Tagesziele:

Meine Aufgaben:

Wie fühle ich mich heute:

_____

_____

_____

> "Es gibt eine heilende
> Kraft in der Natur."
> - John Muir

Meine Erfolge:

Ich bin dankbar für:

Mein Abschluss des Tages:

_____

_____

Meine Tagesziele:

Meine Aufgaben:

Wie fühle ich mich heute:

_____

_____

_____

"Lächle und die
Welt verändert sich"
- Buddha

Meine Erfolge:

Ich bin dankbar für:

Mein Abschluss des Tages:

_____

_____

Mein Wochenrückblick

Was habe ich geschafft?

Wie konnte ich mich motiviere?

Wo waren meine Schwächen und
wie kann ich diese in Stärken umwandeln?

_____

_____

_____

_____

Wie habe ich meine Erfolge gefeiert und wie habe ich mich belohnt?

_____

_____

_____

Meine Ziele für die nächte Woche!

Datum _____

Meine Tagesziele:

Meine Aufgaben:

Wie fühle ich mich heute:

_____

_____

_____

> "Der Weg zur Meisterschaft
> führt über die Brücke
> der Disziplin."
> - Unbekannt

Meine Erfolge:

Ich bin dankbar für:

Mein Abschluss des Tages:

_____

_____

Meine Tagesziele:

Meine Aufgaben:

Wie fühle ich mich heute:

_____

_____

_____

"Selbstfindung
ist der mutige Schritt
in das Unbekannte."
- Unbekannt

Meine Erfolge:

Ich bin dankbar für:

Mein Abschluss des Tages:

_____

_____

Meine Tagesziele:

Meine Aufgaben:

Wie fühle ich mich heute:

_____

_____

_____

"Erfolg ist,
wenn Vorbereitung
auf Gelegenheit trifft."
- Seneca

Meine Erfolge:

Ich bin dankbar für:

Mein Abschluss des Tages:

_____

_____

Meine Tagesziele:

Meine Aufgaben:

Wie fühle ich mich heute:

_____

_____

_____

> "Mit eiserner Disziplin
> und unerschütterlichem Glauben
> kann man Berge versetzen."
> - Unbekannt

Meine Erfolge:

Ich bin dankbar für:

Mein Abschluss des Tages:

_____

_____

Meine Tagesziele:

Meine Aufgaben:

Wie fühle ich mich heute:

_____

_____

_____

> "Optimismus ist die Kraft,
> die uns vorantreibt.
> Wir müssen optimistisch sein
> und daran glauben,
> dass wir positive Veränderungen
> bewirken können."
> - Kamala Harris

Meine Erfolge:

Ich bin dankbar für:

Mein Abschluss des Tages:

_____

_____

Mein Wochenrückblick

Was habe ich geschafft?

Wie konnte ich mich motiviere?

Wo waren meine Schwächen und wie kann ich diese in Stärken umwandeln?

_____

_____

_____

_____

Wie habe ich meine Erfolge gefeiert und wie habe ich mich belohnt?

_____

_____

_____

Meine Ziele für die nächte Woche!

Meine Tagesziele:

Meine Aufgaben:

Wie fühle ich mich heute:

_____

_____

_____

"Selbstliebe ist nicht egoistisch;
Du kannst anderen nur so viel geben,
wie du Dir selbst gibst."
- Unbekannt

Meine Erfolge:

Ich bin dankbar für:

Mein Abschluss des Tages:

_____

_____

Meine Tagesziele:

Meine Aufgaben:

Wie fühle ich mich heute:

_____

_____

_____

*"Du bist genug,
genauso wie Du bist.
Das hast Du immer
und wirst es immer sein."*
- Unbekannt

Meine Erfolge:

Ich bin dankbar für:

Mein Abschluss des Tages:

_____

_____

Meine Tagesziele:

Meine Aufgaben:

Wie fühle ich mich heute:

_____

_____

_____

> "Der beste Heiler ist der,
> der das Leiden versteht."
> - Unbekannt

Meine Erfolge:

Ich bin dankbar für:

Mein Abschluss des Tages:

_____

_____

Meine Tagesziele:

Meine Aufgaben:

Wie fühle ich mich heute:

_____

_____

_____

> "Das Geheimnis des Erfolgs ist,
> den Standpunkt
> des anderen zu verstehen."
> - Henry Ford

Meine Erfolge:

Ich bin dankbar für:

Mein Abschluss des Tages:

_____

_____

Meine Tagesziele:

Meine Aufgaben:

Wie fühle ich mich heute:

_____

_____

_____

"Erkenne Dich selbst
und Du wirst das Universum
und die Götter erkennen."
- Pythagora

Meine Erfolge:

Ich bin dankbar für:

Mein Abschluss des Tages:

_____

_____

Mein Monatsrückblick

Was habe ich gut gemacht?

Was habe ich Tolles erlebt?

Was ist nicht so gut gelaufen?

Wie kann ich das verbessern?

Wie glücklich war ich diesen Monat?

Wofür möchte ich mehr Zeit investieren?

Warum habe ich mich so gefühlt?

Deine Aufgabe
für den Monat!

Mache 10 Menschen ein Kompliment und beobachte,
wie Du Dich dabei fühlst!

Meine Ziele für den nächsten Monat!

Meine Tagesziele:

Meine Aufgaben:

Wie fühle ich mich heute:

_____

_____

_____

> "Selbstliebe ist die Quelle,
> aus der wahres Selbstvertrauen
> und echte Stärke erwachsen."
> - Unbekannt

Meine Erfolge:

Ich bin dankbar für:

Mein Abschluss des Tages:

_____

_____

Meine Tagesziele:

Meine Aufgaben:

Wie fühle ich mich heute:

_____

_____

_____

> "Heilung geschieht,
> wenn wir uns selbst erlauben,
> zu fühlen."
> - Unbekannt

Meine Erfolge:

Ich bin dankbar für:

Mein Abschluss des Tages:

_____

_____

Meine Tagesziele:

Meine Aufgaben:

Wie fühle ich mich heute:

_____

_____

_____

> "Disziplin ist die Wahl zwischen dem,
> was Du willst, und dem,
> was du jetzt willst."
> - Abraham Lincoln

Meine Erfolge:

Ich bin Dankbar für:

Mein Abschluss des Tages:

_____

_____

Meine Tagesziele:

Meine Aufgaben:

Wie fühle ich mich heute:

_____

_____

_____

"Der Unterschied zwischen dem,
was wir tun und dem,
was wir tun könnten,
würde die meisten Probleme
der Welt lösen."
- Mahatma Gandhi

Meine Erfolge:

Ich bin dankbar für:

Mein Abschluss des Tages:

_____

_____

Meine Tagesziele:

Meine Aufgaben:

Wie fühle ich mich heute:

"Selbstliebe
ist die Basis für wahres Glück
und Frieden."
- Dalai Lama

Meine Erfolge:

Ich bin dankbar für:

Mein Abschluss des Tages:

Mein Wochenrückblick

Was habe ich geschafft?

Wie konnte ich mich motiviere?

Wo waren meine Schwächen und wie kann ich diese in Stärken umwandeln?

_____

_____

_____

_____

Wie habe ich meine Erfolge gefeiert und wie habe ich mich belohnt?

_____

_____

_____

Meine Ziele für die nächte Woche!

Meine Tagesziele:

Meine Aufgaben:

Wie fühle ich mich heute:

_____

_____

_____

> "Das größte Abenteuer,
> das Du erleben kannst,
> ist das Leben Deiner Träume."
> - Oprah Winfrey

Meine Erfolge:

Ich bin dankbar für:

Mein Abschluss des Tages:

_____

_____

Meine Tagesziele:

Meine Aufgaben:

Wie fühle ich mich heute:

_____

_____

_____

> "Um im Leben erfolgreich zu sein,
> braucht man zwei Dinge:
> Unwissenheit und Selbstvertrauen."
> - Mark Twain

Meine Erfolge:

Ich bin dankbar für:

Mein Abschluss des Tages:

_____

_____

Meine Tagesziele:

Meine Aufgaben:

Wie fühle ich mich heute:

_____

_____

_____

> "Erfolg ist, wie hoch Du springst,
> wenn Du den Boden berührst."
> - George S. Patton

Meine Erfolge:

Ich bin dankbar für:

Mein Abschluss des Tages:

_____

_____

Meine Tagesziele:

Meine Aufgaben:

Wie fühle ich mich heute:

_____

_____

_____

> "Die Fähigkeit zur Heilung
> ist in jedem von uns."
> - Hippokrates

Meine Erfolge:

Ich bin dankbar für:

Mein Abschluss des Tages:

_____

_____

Meine Tagesziele:

Meine Aufgaben:

Wie fühle ich mich heute:

_____

_____

_____

"Die Seele heilt
durch Verweilen bei Kindern."
- Fjodor Dostojewski

Meine Erfolge:

Ich bin dankbar für:

Mein Abschluss des Tages:

_____

_____

Mein Wochenrückblick

Was habe ich geschafft?

Wie konnte ich mich motiviere?

Wo waren meine Schwächen und wie kann ich diese in Stärken umwandeln?

_____

_____

_____

_____

Wie habe ich meine Erfolge gefeiert und wie habe ich mich belohnt?

_____

_____

_____

Meine Ziele für die nächte Woche!

Meine Tagesziele:

Meine Aufgaben:

Wie fühle ich mich heute:

_____

_____

_____

"Wunden sind Orte,
durch die das Licht
in Dich eindringt."
- Rumi

Meine Erfolge:

Ich bin dankbar für:

Mein Abschluss des Tages:

_____

_____

Meine Tagesziele:

Meine Aufgaben:

Wie fühle ich mich heute:

_____

_____

_____

"Liebe Dich zuerst,
und alles andere fügt sich ein."
- Lucille Ball

Meine Erfolge:

Ich bin dankbar für:

Mein Abschluss des Tages:

_____

_____

Meine Tagesziele:

Meine Aufgaben:

Wie fühle ich mich heute:

_____

_____

_____

> "Die wichtigste Beziehung
> in Deinem Leben ist die,
> die Du zu Dir selbst hast."
> - Diane von Furstenberg

Meine Erfolge:

Ich bin dankbar für:

Mein Abschluss des Tages:

_____

_____

Meine Tagesziele:

Meine Aufgaben:

Wie fühle ich mich heute:

_____

_____

_____

> "Die größte Entdeckung
> aller Zeiten ist die,
> dass ein Mensch
> seine Zukunft ändern kann,
> indem er seine
> Einstellung ändert."
> - Oprah Winfrey

Meine Erfolge:

Ich bin dankbar für:

Mein Abschluss des Tages:

_____

_____

Meine Tagesziele:

Meine Aufgaben:

Wie fühle ich mich heute:

_____

_____

_____

> "Hab keine Angst,
> das Gute aufzugeben,
> um das Großartige zu erreichen."
> -John D. Rockefeller

Meine Erfolge:

Ich bin dankbar für:

Mein Abschluss des Tages:

_____

_____

Mein Wochenrückblick

Was habe ich geschafft?

Wie konnte ich mich motivere?

Wo waren meine Schwächen und
wie kann ich diese in Stärken umwandeln?

_____

_____

_____

_____

Wie habe ich meine Erfolge gefeiert und wie habe ich mich belohnt?

_____

_____

_____

Meine Ziele für die nächste Woche!

Meine Tagesziele:

Meine Aufgaben:

Wie fühle ich mich heute:

_____

_____

_____

> "Erfolg ist,
> von Misserfolg zu Misserfolg
> zu gehen,
> ohne die Begeisterung zu verlieren."
> - Winston Churchill

Meine Erfolge:

Ich bin dankbar für:

Mein Abschluss des Tages:

_____

_____

Meine Tagesziele:

Meine Aufgaben:

Wie fühle ich mich heute:

_____

_____

_____

"Möge die Macht
mit Dir Sein!"
- Star Wars

Meine Erfolge:

Ich bin dankbar für:

Mein Abschluss des Tages:

_____

_____

Meine Tagesziele:

Meine Aufgaben:

Wie fühle ich mich heute:

_____

_____

_____

> ""Ich entscheide mich dafür,
> mich auf Möglichkeiten
> zu konzentrieren,
> nicht auf Hindernisse."
> – Oprah Winfrey

Meine Erfolge:

Ich bin dankbar für:

Mein Abschluss des Tages:

_____

_____

Meine Tagesziele:

Meine Aufgaben:

Wie fühle ich mich heute:

_____

_____

_____

> "Hör auf,
> Dich mit anderen zu vergleichen.
> Sei einfach
> die beste Version von Dir selbst."
> - Unbekannt

Meine Erfolge:

Ich bin dankbar für:

Mein Abschluss des Tages:

_____

_____

Meine Tagesziele:

Meine Aufgaben:

Wie fühle ich mich heute:

_____

_____

_____

> "Das Schreiben in mein Tagebuch erlaubt mir, die Kontrolle über meine eigene Geschichte zu übernehmen."
> – Toni Morrison

Meine Erfolge:

Ich bin dankbar für:

Mein Abschluss des Tages:

_____

_____

Mein Monatsrückblick

Was habe ich gut gemacht?

Was habe ich Tolles erlebt?

Was ist nicht so gut gelaufen?

Wie kann ich das verbessern?

Wie glücklich war ich diesen Monat?

☀️ ⛅ ☁️ ⛈️

Warum habe ich mich so gefühlt?

Wofür möchte ich mehr Zeit investieren?

Deine Aufgabe für den Monat!

Geh auf ein Date mit Dir selbst!

Wie hast Du Dich dabei gefühlt und warum?

Meine Ziele für den nächsten Monat!

Mein letzter Schritt!

Gratuliere! Du hast es geschafft. Du hast Dich Deinen Gefühlen gestellt und erfolgreich eine neue Routine erarbeitet! Nun ist es an der Zeit, die Wochen zu reflektieren und Deine Ergebnisse zu notieren! Danke Dir selbst, dass Du Dir die Zeit genommen hast, um an Dir zu arbeiten!

Das habe ich erreicht